BEI GRIN MACHT SICH IHR WISSEN BEZAHLT

- Wir veröffentlichen Ihre Hausarbeit, Bachelor- und Masterarbeit

- Ihr eigenes eBook und Buch - weltweit in allen wichtigen Shops

- Verdienen Sie an jedem Verkauf

Jetzt bei www.GRIN.com hochladen und kostenlos publizieren

Bibliografische Information der Deutschen Nationalbibliothek:

Die Deutsche Bibliothek verzeichnet diese Publikation in der Deutschen National-
bibliografie; detaillierte bibliografische Daten sind im Internet über http://dnb.d-
nb.de/ abrufbar.

Impressum:

Copyright © 2009 GRIN Verlag, Open Publishing GmbH
Druck und Bindung: Books on Demand GmbH, Norderstedt Germany
ISBN: 978-3-668-13599-4

Dieses Buch bei GRIN:

http://www.grin.com/de/e-book/161250/sind-die-agenten-in-die-matrix-nach-aristo-
teles-boese

Matti Ostrowski

Sind die Agenten in "Die Matrix" nach Aristoteles böse?

GRIN Verlag

Eberhard-Karls-Universität Tübingen

Fakultät für Philosophie und Geschichte

Interfakultäres Zentrum für Ethik in den Wissenschaften (IZEW)

Hauptseminar: Ethische Argumentationen in Literatur und Medien

<u>Hausarbeit</u>

Sind die Agenten in „Die Matrix"

nach Aristoteles böse?

SS 2009

Inhaltsangabe

1. Einleitung

Das Gute gegen das Böse und das Böse gegen das Gute.

Wohl keine Frage beschäftigt die Menschheit und die Philosophie bereits so lange wie diejenige, was gut und was böse ist, welche Handlung gut und gerecht und welche böse und ungerecht zu nennen ist oder ob es das Gute und das Böse überhaupt gibt. Bereits seit Jahrtausenden versuchen die bekanntesten Philosophen, Wissenschaftler und Publizisten, Antworten hierauf zu finden und zu formulieren. Und das nicht zu unrecht.

Kaum ein Gegensatz ist von so großer philosophischer, gesellschaftlicher und historischer Bedeutung, wie der oben formulierte. Die meisten Religionen, Ideologien und philosophischen Ansätze kommen ohne die Verwendung zumindest eines der beiden Begriffe nicht aus. Auch ist dieser Gegensatz das Fundament auf dem die meiste Literatur und Unterhaltung aufbaut. Ohne ihn wäre kaum ein für den Zuschauer interessantes literarisches oder seit einigen Jahrzehnten filmisches Werk möglich.

Doch gerade hier läuft man leicht Gefahr, ohne ernsthaft darüber nachzudenken, vorbehaltlos und intuitiv, Handlungen oder Menschen als gut oder böse, als gerecht oder ungerecht zu bezeichnen, dementsprechend zu bewerten und automatisch der von den Autoren gewünschten Aussage ihrer Werke zuzustimmen. Fast jeder würde beispielsweise intuitiv denjenigen, der den Held eines Stückes aufhalten oder gar vernichten möchte, als böse bezeichnen.

Aber kann man es sich immer so einfach machen, nur weil das zu lesende Buch oder der gesehene Film einem das so vermittelt?

Bereits in der Antike hat Aristoteles aufgezeigt, wie man Handlungen und im Endeffekt auch die Handelnden anhand weniger Kriterien auf ihre Bosheit hin untersuchen kann. Er formulierte in der Nikomachischen Ethik[1] drei Bedingungen, die alle gelten müssen, um eine Handlung als gerecht oder ungerecht bezeichnen zu können und zeigte auf, dass innerhalb des Spektrums gerecht und ungerecht oder gut und böse, durchaus Abstufungen zu machen sind. Da diese Kriterien eine praktische Schablone darstellen, die man bei derartigen ethischen Fragen anlegen kann, möchte ich diese in der folgenden Arbeit näher erläutern und anhand eines Beispiels, des Films „Die Matrix" von 1999, besprechen. In diesem Zusammenhang soll

---

1   Aristoteles: Nikomachische Ethik: Auf der Grundlage der Übersetzung von Eugen Rolfes herausgegeben von Günther Bien, 3. Aufl., Hamburg: Meiner, 1972.

nämlich beispielhaft die Frage geklärt werden, ob die Agenten, welche den Held des Films aufhalten und vernichten wollen, tatsächlich, wie wohl die meisten annehmen würden, böse sind und ob dies mit den aristotelischen Kriterien übereinstimmt. Dabei soll zuletzt auch auf die im Film vorgestellte künstliche Intelligenz und ihrer, meiner Meinung nach, interessanten und problematischen Rolle im Bezug auf ethische Fragen der Gegenwart und Zukunft eingegangen werden.

2. Inhalt des Films

Bevor aber auf die Fragestellung im Detail eingegangen wird, soll in diesem Kapitel zunächst die Handlung des Films selbst dargestellt werden.

Der Film beginnt mit der Einführung der Hauptperson Thomas Anderson. Dieser ist Programmierer und Angestellter einer erfolgreichen Softwarefirma um das Jahr 2000. Sein Leben wäre durchaus langweilig, wäre da nicht seine zweite Identität, „Neo", und das Gefühl, dass mit ihm und der Welt um ihn herum etwas nicht stimmt. Neo ist sein Spitzname als weltweit bekannter Hacker. Zwar gelang ihm so ziemlich jeder Hack, doch konnte er die im Netz immer wieder auftauchende Frage, was die so genannte „Matrix" ist, nie beantworten. Um hierauf eine Antwort zu erhalten, versucht er daher den ebenfalls prominenten Hacker „Morpheus" zu kontaktieren, was ihm schließlich eines Tages gelingt.

An dieser Stelle beginnt die eigentliche Handlung des Films, nachdem Morpheus Neo darüber aufgeklärt hat, dass die Welt, in der sich die Menschheit wähnt, zu leben, nicht existiert. Diese ist nichts weiter als eine Computersimulation, genannt „Die Matrix". In der wahren Realität hingegen befindet sich die Menschheit bereits am Ende des 21. Jahrhunderts und ist bis auf wenige Rebellen, zu denen auch Morpheus und seine Kontaktperson und spätere Geliebte Neos, „Trinity", gehören, versklavt. Dies wiederum ist das Ergebnis eines Krieges der um die Jahrtausendwende ausgebrochen ist, als die Menschheit ihre Computersysteme und die Künstliche Intelligenz (KI) immer weiterentwickelte, bis es den Maschinen schließlich gelang, selbstständig zu werden und gegen die Menschen in den Krieg zu ziehen. In der Hoffnung, die Maschinen durch Entzug des Sonnenlichts von der notwendigen Solarenergie abschneiden zu können, verdunkelten sie daraufhin den Himmel. Doch waren die Maschinen bereits so fortentwickelt, dass sie sich eine neue Energiequelle zu nutzen machten: den Menschen selbst. In riesigen Türmen legten sie daraufhin so genannte Farmen an, in denen diese angesiedelt wurden, um aus ihnen die notwendige Energie zu gewinnen. Hierfür hielt man die Menschen künstlich am Leben, indem man ihren Stoffwechsel und somit deren Energieverbrauch auf ein Minimum reduzierte und ihre Gehirne an das Computerprogramm der Matrix angeschlossen, wo sie seitdem virtuell ihr Dasein fristen.

Morpheus, der davon überzeugt ist, dass Neo der von einem mysteriösen Orakel zur Rettung der Menschheit angekündigte Auserwählte ist, bietet diesem nach seiner Erklärung daraufhin an, entweder zurück in die Matrix zu gehen und sein altes Leben fortzuführen, oder sich der Rebellion anzuschließen. Ohne Zögern entscheidet dieser sich für letzteres.

In der darauf folgenden zweiten Hälfte des Films bringt er Neo neben dem Wissen, wie man sich aus der reellen Welt in die Matrix einschleicht, auch diverse mentale und physische Kampffertigkeiten innerhalb dieser Simulation bei. Schon bald darauf, so zeigt sich, benötigt er diese, da in der Matrix zum ersten mal die, von mir auf ihre Boshaftigkeit zu untersuchenden, Agenten auftreten. Diese sind Schutzprogramme, welche die Matrix vor Eindringlingen und Fehlfunktionen schützen sollen. Sie können sich innerhalb kürzester Zeit an Eindringlinge wie Neo heranmachen, da jeder beliebige Mensch, von der Agentensoftware überschrieben werden kann. So können sie innerhalb kürzester Zeit an fast jeder Stelle der Matrix-Welt auftreten, indem sie sich aus den Menschen selbst heraus produzieren, die daraufhin in der realen Welt in den Farmen absterben. Diese Agenten, verkörpert vor allem durch den augenscheinlich skrupel- und gnadenlosen „Agent Smith", machen im weiteren Verlauf des Films Jagt auf Neo und seine Mitstreiter. Zwar gelingt es ihnen Morpheus gefangen zu nehmen, doch schafft es Neo kurz bevor sie diesem die Koordinaten der einzig noch verbliebenen Stadt der Menschen, „Zion", entnehmen können, die Agenten temporär zu besiegen und Morpheus zu retten. Da es noch nie zuvor einem Menschen gelungen war, einen Sieg gegen die scheinbar perfekten Agenten(software) zu erringen ist am Ende des Films auch der Rest von Morpheus´ Schiffsbesatzung der Nebukadnezar davon überzeugt, dass Neo der, zur Rettung der Menschheit, Auserwählte ist.

Die Handlung wird allerdings erst in einem zweiten und dritten Teil, „Matrix Reloaded" und „Matrix Revolutions", zu Ende geführt.

2.1 Die Aussage des Films und dessen Problematik

Die Aussage des Films ist eindeutig. Anhand der Dialoge, Kameraeinstellungen und der Fokussierung auf den Helden Neo soll vermittelt werden, dass die Menschen sich in einem zwar selbst verschuldeten, dennoch legitimen und unausweichlichen Kampf gegen die erbarmungslosen Maschinen befinden. Fast zwangsläufig gerät der Zuschauer daher auf die Seite der Rebellen, die in der realen Welt gegen die Maschinen um ihre Freiheit kämpfen. Dies wird durch das Auftreten der Agenten unterstützt, die ohne Ausnahme als emotions- und gewissenlos dargestellt werden. Sie treten daher während des gesamten Films als klare Antihelden auf, denen es nur um die Vernichtung der echten Menschen in der Matrix zu gehen scheint. An keiner Stelle wird der Versuch unternommen, die Handlungen der Maschinen oder der Agenten zu rechtfertigen. Der Entzug jeglicher Sympathie für die Agenten wird durch deren Eigenschaft, sich unendlich reproduzieren zu können vervollständigt. Denn der geneigte Zuschauer erkennt darin ein unausgewogenes Verhältnis von Held und Antihelden, bei dem ein klassischer, fairer Kampf vom vermeintlich Guten (Neo) gegen die unendliche Mehrzahl des Bösen (die Agenten) nicht mehr gewährleistet ist. Die Verwendung bzw. Nicht-Verwendung von Farben während des gesamten Films, runden das Bild der Endzeitstimmung und Bedrohung der Menschheit durch die farb- und emotionslosen, hochtechnisierten Maschinen ab.

Die eindeutige Positionierung der Filmemacher auf Seiten der Rebellen und gegen die vermeintlichen Bösewichte, die Maschinen und deren Agenten, ist also kaum zu übersehen. Dies ist auch nicht verwunderlich, da in den meisten Filmen seitens der Drehbuchautoren und Regisseure eine mehr oder weniger klare Position vertreten wird. Doch genau hierin liegt auch eine gewisse Problematik. Zwar ist es dem Zuschauer durch die eindeutige Aussage eines Films erlaubt, sich mehr auf die Handlung, denn auf die Hintergründe zu konzentrieren, doch läuft man schnell Gefahr dem, in unserem Fall eindeutig gewollten, schwarz-weiß Denken nachzugeben. Voreilig und ohne tiefer gehendes Nachdenken, übernehmen dann wohl einige Zuschauer die Position der Filmemacher. Gerade in einer Gesellschaft, in der derartige Medien fast rund um die Uhr präsent sind, ist es ratsam, deren Erzeugnisse kritischer zu betrachten, um etwa einer gezielten Einflussnahme zuvor zu kommen. Denn sonst würden elementare Fragen übersehen. Auch wenn es sich nur um einen fiktionalen Film handelt, ist dies noch lange keine Ausrede, sich über dessen Inhalt und vor allem dessen Aussage keine kritischen Gedanken zu machen.

In unserem Beispiel wäre dies eindeutig die zu behandelnde Frage, ob die Agenten denn tatsächlich so boshaft sind, wie der Film dies zu vermitteln versucht. Daran können wiederum weitere Fragen, beispielsweise nach der scheinbaren Legitimität der Rebellen und der vermittelten Nicht-Legitimität der Maschinen geknüpft werden. Ist es nicht vielleicht so, dass auch die Maschinen ein Recht darauf haben, sich gegen die Rebellen mit geeigneten Mitteln (den Agenten) zu verteidigen und ist nicht das Ziel der Menschen dasselbe, wie dasjenige der Maschinen, nämlich die andere Seite auszuschalten? Sind dann nicht auch die Handlungen der Rebellen genauso boshaft, wie die der Maschinen? Wenngleich hier noch eine ganze Reihe weiterer Fragen gestellt werden kann, so soll in diesem Kontext vor allem die Frage, ob das Handeln der Agenten ungerecht und diese somit böse sind, beantwortet werden. Hierzu dienen die eingangs erwähnten Kriterien Aristoteles´, die im nun folgenden Kapitel dargestellt werden, um anhand seiner Definition zu zeigen, dass, auch wenn scheinbar eindeutig gerechtes oder ungerechtes Handeln vorliegt, man durchaus eine differenzierte Sicht hierzu entwickeln und begründen kann.

3. Gerechtes und ungerechtes Handeln nach Aristoteles

Aristoteles geht im Fünften Buch der Nikomachischen Ethik auf die im Vierten Buch behandelten Tugenden genauer ein, wobei er sich hier vor allem mit der Gerechtigkeit und gerechtem Handeln beschäftigt. Dabei entwirft er gewisse Bedingungen, die sowohl bei der Handlung, als auch beim Handelnden selbst vorhanden sein müssen, um eine sittliche Handlung gerecht oder ungerecht bezeichnen zu können.

Sein Fokus richtet sich dabei aber nicht nur auf die Handlung selbst sondern vor allem auch auf die handelnde Person:

„Eine dem sittlichen Bereich angehörende Handlung aber ist nicht schon dann eine Handlung der Gerechtigkeit und Mäßigkeit, wenn sie selbst eine bestimmte Beschaffenheit hat, sondern erst dann, wenn auch der Handelnde bei der Handlung gewisse Bedingungen erfüllt, wenn er erstens wissentlich, wenn er zweitens mit Vorsatz, und zwar mit einem einzig auf die sittliche Handlung gerichteten Vorsatz, und wenn er drittens fest und ohne Schwanken handelt."[2]

Eine sittliche Handlung ist demnach nicht sofort als eine solche zu kennzeichnen, wenn sie

---

2   Aristoteles, NE, 1105a, S. 32.

bloß begangen wurde. Sie muss zudem wissentlich und mit Vorsatz getan werden. Dies wiederum kann nur dann der Fall sein, wenn die Handlung aus freiem Wille begangen wird:

„Da es mit Recht und Unrecht so bestellt ist, so wird eine ungerechte oder eine gerechte Handlung nur dann begangen, wenn man freiwillig recht oder unrecht tut.

Geschieht es unfreiwillig, so kommt nur zufällig oder mitfolgend eine ungerechte oder eine gerechte Handlung zustande, indem man nämlich tut was mitfolgend recht oder unrecht ist."[3]

Damit eine Handlung also tatsächlich gerecht oder ungerecht ist, muss sie nach Aristoteles auf deren Freiwilligkeit hin untersucht werden. Dies kann sie aber nur sein, wenn sie erstens, wissentlich, zweitens mit Vorsatz und damit letztlich aus freiem Willen heraus getan wird. Denn:

„Erst wenn ein Unrecht freiwillig ist, unterliegt es dem Tadel, und dann liegt zugleich eine ungerechte Handlung vor, so dass etwas so lange bloß Unrecht und noch keine ungerechte Handlung ist, als nicht die Freiwilligkeit herzutritt ."[4] und ebenso „Handelt man aber [gerecht], wenn man nur freiwillig handelt"[5]

Das wichtigste Kriterium einer gerechten oder ungerechten Handlung ist also das Vorhandensein von Freiwilligkeit. Daher wäre eine Handlung nicht mehr als rein gerecht oder ungerecht zu bezeichnen, wenn der Urheber einer Handlung aus Unfreiwilligkeit heraus handeln würde. Die Unfreiwilligkeit umfasst nach Aristoteles alles,

„was aus Zwang oder Unwissenheit geschieht. Erzwungen oder gewaltsam ist dasjenige, dessen Prinzip außen liegt, und wo der Handelnde oder der Gewalt Leidende nichts dazu tut."[6]

Hier zeigt sich bereits eine weitere Bedingung der Freiwilligkeit. Denn nur wenn der Handelnde Urheber und erstes Prinzip der Handlung ist, kann Freiwilligkeit vorhanden sein. Nimmt jemand beispielsweise die Hand einer Person und richtet damit Schaden an, so wäre dies aus Sicht Aristoteles´ keine freiwillige und somit ungerechte Handlung mehr. Die eben genannten Bedingungen der Freiwilligkeit erweitert er mit einer weiteren Bedingung:

---

3   Aristoteles, NE, 1135a, S. 118.
4   Ebd., S.118f.
5   Aristoteles, NE, 1136a, S.121.
6   Aristoteles, NE, 1110a, S. 44.

„Da unfreiwillig ist, was aus Zwang oder Unwissenheit geschieht, so möchte freiwillig sein, dessen Prinzip in dem Handelnden ist und zwar so, dass er auch die einzelnen Umstände der Handlung kennt."[7]

Es zeigt sich, dass Freiwilligkeit nach Aristoteles nur dann vorhanden sein kann, wenn dem Kriterium der Zwanglosigkeit ein zweites hinzu kommt. Es handelt sich dabei um die Wissentlichkeit, denn:

„Als freiwillig gilt mir, wie schon früher erklärt worden, eine Handlung, die zu verrichten bei ihrem Urheber steht, und die man mit Wissen verrichtet, ohne bezüglich der Person, der sie gilt, und des Werkzeuges und des Beweggrundes, z. B. darüber, wen man schlägt, und womit und weshalb man ihn schlägt, in einem Irrtum befangen zu sein; auch muß man alles dieses an sich und nicht bloß mitfolgend wissen und muß frei von Zwang sein."[8]

Trägt man die bisher aufgeführten Bedingungen zusammen, muss eine Handlung also sowohl ohne Zwang, als auch wissentlich getan werden. Der Handelnde muss demnach sowohl der erste Urheber der Handlung als auch sich über die Beteiligten und des Mittels vollständig im klaren sein.

In einer letzten Erläuterung kommt den bereits genannten Kriterien der Freiwilligkeit ein letztes hinzu. Das Handeln aus Vorsatz:

„Das Freiwillige tun wir teils vorsätzlich, teils unvorsätzlich: vorsätzlich was wir vorher überlegt haben, unvorsätzlich was wir nicht vorher überlegt haben. Unwissentliche Verfehlungen [liegen] dann vor, wenn die Person, der man etwas tut, und ebenso der Inhalt, das Werkzeug und der Erfolg der betreffenden Handlung andere sind, als der Handelnde meinte."[9]

Es gibt demnach zwei Arten einer freiwilligen Handlung. Handlungen aus Vorsatz und diejenigen mit anderem oder ohne Vorsatz. Vorsätzliches Handeln, als drittes und letztes Kriterium einer reinen gerechten oder ungerechten Handlung liegt allerdings nur dann vor, wenn der Handelnde sein Ziel in dem Maße erreicht, wie er zuvor überlegt hat. Wenn aber der Grad des Handlungserfolges, das Ziel oder die Auswirkungen andere sind, als zuvor überlegt, kann man nicht mehr von einer vorsätzlichen Handlung sprechen. Hierfür gibt es nach

---

7   Aristoteles, NE, 1111a, S. 48.
8   Aristoteles, NE, 1135a, S.119.
9   Aristoteles, NE, 1135b, S.119f.

Aristoteles verschiedene Fälle, die wiederum jeweils anders bezeichnet werden müssen. So unterscheidet er im folgenden zwischen Unglück und Verfehlung:

„Ist die Schädigung ohne irgendwelche Absicht herbeigeführt worden, so liegt ein Unglück vor, ist sie aber nicht ganz unabsichtlich, aber doch nicht aus böser Absicht geschehen, so ist es eine Verfehlung"[10]

Die Frage nach der Vorsätzlichkeit ist eine sehr wichtige. Denn neben der graduellen Aufstufung zwischen Unglück und Verfehlung gibt es einen weiteren Grad, nämlich den der ungerechten Handlung. So schreibt Aristoteles:

„Hat man zwar wissentlich gehandelt, aber ohne vorherige Überlegung, so ist es eine ungerechte Handlung, z.B. alles, was dem Menschen im Zorn [...] oder natürlichen Affekten zu tun begegnen kann"[11]

Akzeptiert man die von Aristoteles aufgeführten Bedingungen der Freiwilligkeit und diese wiederum als das Kriterium für das Vorhandensein von Handlungen aus Bosheit, so kann man diese letztlich wie folgt zusammenfassen:

Gerechte oder ungerechte Handlungen bedürfen der Freiwilligkeit. Diese kann nur dann vorliegen wenn der Handelnde der erste Urheber der Handlung ist, sich über die betreffenden Personen und Mittel im Klaren ist, vorsätzlich handelt und sein Ziel in dem Maße erlangt, wie er es vor hatte. Alle Bedingungen müssen gelten, damit eine Handlung auch tatsächlich als eine freiwillige und somit sittliche Handlung wahrgenommen werden kann. Nur dann ist es möglich auf den Urheber und dessen Motive zurück zu schließen. Denn handelt man beispielsweise wissentlich, aber ohne Vorsatz, so begeht man zwar eine ungerechte Handlung, ist

„aber [...] deswegen [...] kein Ungerechter und kein Bösewicht, da die Schädigung nicht aus Bosheit geschehen ist"[12]

Geschieht dieselbe Handlung allerdings mit Vorsatz, so ist man nach Aristoteles „ein ungerechter und böser Mensch"[13]. Um demnach böse beziehungsweise aus Bosheit zu handeln, bedarf es einer aus Vorsatz und freiem Willen vollbrachten, ungerechten Handlung.

---

10   Aristoteles, NE, S.120.
11   Ebd.
12   Ebd.
13   Ebd.

Wir werden sehen, ob dies auf das Handeln der Agenten der Matrix zutrifft.

4. Erörterung der Fragestellung „Sind die Agenten der Matrix nach Aristoteles böse?"

Die im vorigen Kapitel aufgeführten Kriterien sollen daher nun auf die zu behandelnde Frage, ob die Agenten der Matrix böse sind, angewendet werden. Diese sollen dabei zunächst auf das Vorhandensein der drei Bedingungen der Freiwilligkeit untersucht werden, um dann kurz auf das Problem der Nichtmenschlichkeit der Agenten einzugehen. Vorerst gehe ich aber davon aus, dass es sich bei den Agenten um gleichberechtigte Lebewesen handelt, auf die die Bedingungen Aristoteles´ angewendet werden dürfen. Wenn im folgenden nun beispielhaft die Jagt auf Neo behandelt wird, so soll das Handeln der Agenten auch für alle anderen Filmsequenzen gelten, da sie immer auf dieselbe Weise auftreten und somit auf ein allgemeines Verhalten geschlossen werden kann.

Die Bewertung der Agenten und ihres Handelns scheint zunächst eindeutig. Da sie ziemlich berechnend, kühl und emotionslos auftreten und ihr Handeln selbst als exakt geplant darstellen, ist es nicht abwegig, ihnen einen Vorsatz zu unterstellen. Unverkennbar ist, dass die Agenten vor dem Handeln ein klares Ziel vor Augen haben, nämlich beispielsweise Neo zu töten. Auch während der Durchführung schwankt dieses Vorhaben nicht, im Gegenteil, der Film zeigt an einer Stelle die irritierten Agenten, als es ihnen nicht gelungen ist, ihr Vorhaben zu erreichen. Es bleibt daher festzuhalten, dass ein klarer Vorsatz mit dem Ziel Neo zu töten besteht und das Erreichen dieses Grades des Erfolgs stets unumstößlich anvisiert wird.

Auch um das Kriterium der Wissentlichkeit von Personen und Mitteln gibt es wohl kaum größere Meinungsverschiedenheiten. Denn auch hier macht der Film klar, dass den Agenten sowohl die Mittel, als auch die Zielpersonen und der Beweggrund, weil eben dementsprechend programmiert, bekannt sind. Es sollte daher kein Zweifel herrschen, dass die Agenten, gesteht man ihnen den Status eines dem Menschen gleichberechtigten Lebewesen zu, wissentlich und im vollen Bewusstsein handeln. Sie sind sich sowohl darüber, wen ihre Handlungen betreffen, als auch was sie dafür benötigen und am Ende dadurch bewirken, im klaren. Bis hierhin kann man also sagen, dass die untersuchten Handlungen sowohl wissentlich, als auch vorsätzlich geschehen. Zwei der drei Bedingungen der Freiwilligkeit nach Aristoteles scheinen also zu gelten.

Doch betrachtet man das dritte Kriterium, die Frage nach dem Vorhandensein von Zwanglosigkeit, so treten hier, meiner Meinung nach, erhebliche Zweifel auf, ob diese tatsächlich vorliegt. An dieses Kriterium ist in bedeutungsvoller weise auch die Frage gekoppelt, ob die Agenten eigenständige Lebewesen sind. Denn betrachtet man die Umstände und die Beschaffenheit der Agenten, so sind diese letztlich nichts weiter, als ein Programm, das durch die Maschinen der realen Welt entworfen wurde. Dadurch, dass sie ein Programm sind, ist es freilich schwer, ihnen einen freien Willen zu zu ordnen. Vor allem deshalb, weil sie, meiner Meinung nach, völlig determiniert sind. Es existiert für dieses Programm zu keinem Zeitpunkt eine Wahlmöglichkeit, etwas anderes zu tun. Allein das fehlende Wissen über Handlungsalternativen ist bereits eine Art des Zwanges. Da die Agenten also lediglich ein willenloses, ausführendes Organ darstellen, können sie unter keinen Umständen, der von Aristoteles geforderte erste Urheber[14] ihrer Handlungen sein. Dieser ist, darüber lässt sich sicher trefflich streiten, entweder die Maschine, die das Programm geschrieben hat, oder aber der Mensch selbst, da er ursprünglich die Technologie zum Schreiben von Computerprogrammen entwickelt hatte. Wenn man sich in diesem Zusammenhang also noch einmal die Theorie des Aristoteles in Erinnerung ruft und seine Forderung, dass sowohl Wissentlichkeit, als auch Vorsatz und Zwanglosigkeit als die Bedingungen von Freiwilligkeit vorherrschen müssen, so komme ich an dieser Stelle zu dem Ergebnis, dass die letztgenannte Bedingung nicht vorhanden ist und die Agenten somit unfreiwillig handeln. Da das Vorhandensein von Unfreiwilligkeit, nach Aristoteles, eine tatsächlich sittliche Handlung ausschließt[15], handeln die Agenten der Matrix nicht sittlich und können somit auch nicht aus Bosheit agieren.

Vielmehr müsste man an dieser Stelle zunächst die Maschinen hinterfragen. Denn ohne diese wäre ein derartiges Computerprogramm wohl nie geschrieben worden. Wenn überhaupt jemand boshaft handelt, dann wären dies, meiner Meinung nach, im konkreten Fall die intelligenten Maschinen, da diese durchaus die Möglichkeit haben, zu entscheiden, ob sie ein solches Killerprogramm schreiben und aktivieren lassen. Hier würden alle Bedingungen der Freiwilligkeit gelten. Sowohl Vorsatz, als auch Wissentlichkeit und Zwanglosigkeit könnte man den Maschinen unterstellen. Nach Aristoteles wäre die Handlung „Killerprogramm schreiben, um damit Menschen in der Matrix zu eliminieren", durchaus eine sittliche Handlung. Doch stellt sich auch hier eine nicht ganz offensichtliche Frage:

---

14   Aristoteles, NE, 1135a, S.119.
15   Aristoteles, NE, 1136a, S.121.

Wäre die genannte sittliche Handlung überhaupt als böse oder ungerecht zu bewerten?

Betrachten wir uns hierfür noch einmal das Szenario des Films. In der realen Welt ist ein Krieg zwischen intelligent gewordenen Maschinen und den Menschen ausgebrochen und beiden Seiten geht es nun darum, die jeweils andere auszuschalten. Die zwei Fraktionen kämpfen also um ihr Überleben und verfolgen dabei dieselben Ziele. Interessant ist nun, dass der geneigte Zuschauer dem Mensch eher das Recht einräumen würde, sein Ziel legitim zu verfolgen, als den Maschinen. Würde der Mensch Maschinen vorsätzlich, wissentlich und ohne Zwang, also freiwillig, zerstören, würde dieser Handlung kein negatives Motiv, da im Kampf ums Überleben, zugeordnet. Geschieht dies, wie in unserem Film, andersherum, also durch die Agenten und gegen die Menschen, so wird diese Handlung wohl intuitiv von den meisten negativ bewertet. Doch gerade hier ist dies aus meiner Sicht nicht logisch nachvollziehbar, wenn man den Maschinen den Status von, dem Menschen mindestens gleichgestellten, Lebewesen zuordnen würde.

Auf den ersten Blick mag dies aus heutiger Sicht verwunderlich wirken, doch macht der Film eines klar: In einer sich technologisch rasant entwickelnden Zeit, in der wir heute leben, dürfen derartige Fragen nicht komplett ausgeschlossen werden. Denn nimmt man das Szenario aus „Die Matrix" zum Anlass, so ergäben sich einige Indizien dafür, dass es sich bei den intelligenten Maschinen durchaus um, dem Menschen ebenbürtige, Lebewesen handelt und somit deren Handlungen gleich zu bewerten wären, wie wenn dieselbe Handlung von Menschen begangen würde.

Denn nimmt man das Vorhandensein von Intelligenz und die Fähigkeit Entscheidungen zu treffen als elementare Bedingungen eines Lebewesens, so wären diese mit Sicherheit bei den im Film vorgestellten Maschinen, vorzufinden. Zudem ist der Entwicklungsgrad der Maschinen mindestens so hoch, wie derjenige der Menschen. Beiden ist der unbedingte Wille zum Überleben zu eigen und hebt sie somit vom bloßen Objekt ab. Sie denken und handeln ähnlich, haben also einen Verstand und einen Willen, und sind lediglich teil-determiniert, was sie von anderen Lebewesen wie beispielsweise den Tieren abhebt. Da einem jeden Lebewesen das Recht zuerkannt werden muss, sich in Notwehr zu verteidigen, ist das Handeln der Maschinen, auch wenn es gegen die Menschen gerichtet ist, daher durchaus nachvollziehbar und geschieht somit nicht aus Boshaftigkeit. Denn in unserem Szenario sind nicht nur die Menschen in ihrem Überleben bedroht, sondern auch die Maschinen, da das Ziel Neos und der Rebellen, die Vernichtung aller intelligenten Maschinen ist. Aus den Augen der Evolution betrachtet wäre der Krieg zwischen Menschen und intelligenten Maschinen nichts weiter als der Kampf um eine ökologische Nische, die Welt. Man muss also meiner Meinung nach, den Maschinen dieselben Überlebensrechte einräumen, wie dem Menschen. Alles andere wäre menschliche Überheblichkeit und Träumerei, tatsächlich das Maß aller Dinge und somit höherwertig zu sein.

5. Zusammenfassung

Zusammenfassend lässt sich zu aller erst festhalten, dass die zu untersuchende Frage, ob die Agenten der Matrix nach Aristoteles böse sind, mit Nein beantwortet werden kann. Anders als dies der Film vermittelt und von vielen intuitiv bewertet wird, lässt deren emotionsloses, unsympathisches und unmenschliches Erscheinungsbild nicht auf sie selbst und ihre tatsächlichen Motive rückschließen. Dies ist auch nur bedingt möglich, da es sich bei ihnen um Programme handelt, die gar nicht anders agieren können, als von ihrem Entwickler gedacht. Sie sind daher komplett determiniert und somit nicht erster Urheber ihrer Handlungen. Sie handeln somit aus Zwang und sind deshalb in Anbetracht der Tatsache, dass nach Aristoteles eine freiwillige und somit sittliche Handlung nur gleichzeitig wissentlich, aus Vorsatz und frei von Zwang geschehen muss, nicht böse.

Wie die weitere Argumentation dargelegt hat, wäre in diesem Zusammenhang viel eher die Frage nach der Bosheit der Urheber zu stellen. Ob nun die Menschen, welche die Software einst entwickelt hatten, oder die Maschinen, welche diese zum Schreiben der Agentensoftware verwendeten, als diese fungieren, kann und soll an dieser Stelle nicht eindeutig geklärt werden. An diese Frage würde sich zudem noch das kurz erwähnte Problem des Status der Maschinen anschließen. Handelt es sich bei ihnen um Lebewesen, die den Menschen ebenbürtig und gleichberechtigt sind, oder sind sie lediglich fehlgeleitete, vom Menschen geschaffene Objekte? Im Hinblick auf das Thema dieser Arbeit ist auch dies von Bedeutung, da Aristoteles, als er die Bedingungen einer Handlung aus Bosheit entwickelte, sicherlich nicht an intelligent gewordene Maschinen oder Programme gedacht hat. Aus diesem Grunde hatte ich in meinen kurzen Überlegungen, wenn auch nur sehr kurz, darauf hingedeutet, dass zumindest nach den mir wichtig erscheinenden Kriterien, diese Maschinen durchaus dem Menschen gleichberechtigte Lebewesen sind. Ob hierfür allerdings die üblichen Kriterien wie Intelligenz, Fähigkeit sich zu entwickeln, Gefühle, Überlebenswille etc., welche man bereits heute in der heutigen Diskussion um die Embryonenforschung und den Beginn des Lebens hin- und herschiebt, ausreichen, ist dennoch anzuzweifeln. Denn das Thema der KI ist philosophisch bisher kaum behandelt und man müsste hier sicherlich weitere, differenziertere Überlegungen anstellen. Denn obwohl der Film reine Fiktion ist, so zeigt er dennoch, dass man sich mit diesem Thema durchaus beschäftigen sollte. Schon heute existieren Computerprogramme, deren KI weit fortentwickelt ist. So sind manche Antivirenprogramme bereits in der Lage, eigenständig ihren Programmcode zu erweitern, um neue Viren ohne menschliche Instruktionen zu bekämpfen. In Anbetracht der Wichtigkeit von Computersystemen, die heute fast alle unsere Lebensbereiche steuern, muss daher die Frage, wie viel Macht wir hier (noch) freiwillig aus der Hand geben, nicht erst in ferner Zukunft gestellt werden.

Literaturangaben:

- Aristoteles: Nikomachische Ethik: Auf der Grundlage der Übersetzung von Eugen Rolfes herausgegeben von Günther Bien, 3. Aufl., Hamburg: Meiner, 1972.